Dieses Buch wurde im Rahmen des KIMBA-Projekts der Berliner Tafel (KIMBA BT) von der Berliner Stadtreinigung gefördert.

© 2014 Verlagshaus Jacoby & Stuart, Berlin
Alle Rechte vorbehalten
Gesamtgestaltung: Dominique Kahane
Druck und Bindung: DZS Grafik, d.o.o.
Printed in Slovenia
ISBN 978-3-942787-27-7
www.jacobystuart.de
Unsere Trailer auf www.youtube.com/jacobystuart

Inhaltsverzeichnis

Praktische Tipps 8

Frühling: Kräuter ziehen 10
Bunter Frühlingssalat 12
Frühlingssuppe 14
Spaghetti mit Zitronensoße 16
Blitz-Pizza 18
Englische Kokoskekse 20

Sommer: Picknick im Grünen 22
Pellkartoffeln mit dreierlei Dips 24
Pfannkuchentorte 26
Gefüllte Pita-Taschen 28
Indische Gemüse-Pakora mit Joghurtdip 30
Erdbeermarmelade 32

Herbst: Kürbisgesichter schnitzen 34
Kürbissuppe mit Orange & Kokosmilch 36
Pasta à la Timo 38
Asiatischer Schock-Wok 40
Apple-Crumble 42

Winter: Adventsdekoration 44
Kartoffelsuppe 46
Veggieburger 48
Zweierlei Püree mit Spiegelei 50
Schokoladenfondue 52

Fleisch oder Gemüse? 54
Süß – salzig – sauer – bitter – umami? 55
Das Auge isst mit? Ein Experiment 56
Das Biogasexperiment 57
Die Kuh als Biogasanlage 58
Kreisläufe des Bioabfalls 59

Alphabetisches Zutatenregister 60
Danksagungen 61

Vorwort

Hallo – wir freuen uns, dass du Lust hast mit uns zu kochen!
Die Rezepte in diesem Kochbuch werden seit vielen Jahren von Schulkindern im KIMBAmobil und im KIMBAexpress der Berliner Tafel gekocht. Der Doppeldeckerbus KIMBAmobil fährt durch die ganze Stadt, der KIMBAexpress – das Schulungszentrum im Eisenbahnwaggon – steht fest in Berlin Moabit.

Im Buch findest du neben den Rezepten auch eine Reihe von Tipps sowie einige Experimente rund ums Essen und am Ende auch noch einiges Wissenswertes über den Wert der beim Kochen entstehenden Küchenreste.
Doch bevor es losgeht, lies bitte UNBEDINGT die Praktischen Tipps auf der nächsten Seite durch. Die Rezepte sind dann ganz einfach nachzukochen. Und ganz hinten im Buch findest du eine Seite mit allen möglichen Maßeinheiten.

Noch eine Bitte: Wenn du mal etwas nicht genau verstehst, oder dir ein Topf zu schwer ist (beim Nudelwasser abgießen zum Beispiel), frag einfach jemanden um Hilfe, der kräftiger ist als du.
So, alles klar? Dann kann's ja losgehen: bitte umblättern!
Viel Spaß und guten Appetit wünscht das KIMBA-Team

Sabine   Timo   Eva

Praktische Tipps

Alle Rezepte in diesem Buch sind für 4 Personen – außer anders vermerkt!

Lange Haare zusammenbinden, Schürze umbinden und Hände waschen.

Lies das Rezept immer ganz bis zum Ende durch. Ist alles da, was du brauchst? Bei Gemüse kommt es nicht genau auf das Gewicht an, das kann ruhig etwas leichter oder schwerer sein.

Schaff dir Platz zum Arbeiten. Wenn du mit jemandem zusammen kochst, dann sprecht ab, wer wo was macht.

Wasch Obst und Gemüse gründlich, bevor du es verarbeitest. Eine Schale für den Abfall hilft dir, Ordnung zu halten.

Lege zum Schneiden immer ein Brett unter, damit nichts verkratzt. Vorsichtig mit scharfen Messern.

Heiße Töpfe, Pfannen oder Bleche immer nur mit einem Topflappen anfassen! Stell sie immer auf einen Untersetzer aus Holz oder Metall und nie direkt auf die Arbeitsfläche.

Würze immer vorsichtig. Das heißt: erst nur ein wenig Gewürz dazugeben, dann umrühren und probieren. Wenn es noch nicht würzig genug ist, würzt du noch einmal nach. Wieder umrühren, probieren ... und so weiter. Bis es dir schmeckt.

Wenn dir mal was auf den Boden fällt: abwaschen! Was du nicht abwaschen kannst, wandert leider in den Müll.

Brühe machen*: Am einfachsten ist es, wenn du Pulver für Gemüsebrühe aus dem Glas nimmst und mit kochendem Wasser übergießt. Das Verhältnis von Wasser zu Brühpulver steht auf dem Glas. Meist ist es 1 TL Pulver für 250 ml. Wenn du für das Rezept also 1 l Brühe brauchst, koche 1 l Wasser im Wasserkocher und gieße es auf 4 TL Brühe. Du kannst auch Brühwürfel nehmen.

Gemüse schälen*: Karotten, Kohlrabi, Zwiebeln und Knoblauch solltest du immer schälen. Nicht zu schälen brauchst du Frühlingszwiebeln, Tomaten, Paprika, Zucchini, Lauch, Brokkoli, Blumenkohl und viele andere weiche Gemüse.

Champignons putzen*: Weiche die Champignons nicht in Wasser ein, sie werden sonst matschig und verlieren ihr Aroma. Wenn sie aber stark verschmutzt sind, lege sie in ein Sieb und spüle sie ganz kurz mit fließendem Wasser ab. Putze sie vorsichtig mit einem Stück Küchenpapier sauber und schneide dann die Stiele ab.

Salat und Kräuter trockenschleudern*: Wenn du keine Salatschleuder hast, lege die gewaschenen Salatblätter oder Kräuter einfach auf ein trockenes Geschirrtuch, nimm alle Ecken des Tuches in die Hand und schleuder den »Salatbeutel« einige Male im Kreis.

* Erklärungen zu den mit Sternchen markierten Worten findest du hier.

Frühling: Kräuter ziehen

Endlich werden die Tage wieder länger, und es wird wärmer. Draußen beginnt alles zu wachsen – aber so langsam! Dann hol dir den Frühling doch einfach ins Haus.

Besorg dir spezielle Anzuchterde und ein Tütchen mit Kressesamen (oder Alfalfa, Basilikum, Kapuzinerkresse, Melisse, Radieschensamen) und fülle einen rechteckigen Plastikbehälter mit der Erde, streiche sie glatt und klopfe sie ein wenig fest.

Streue die Samen einzeln und gleichmäßig auf der Erde aus und drücke sie leicht an. Gieße sie und stelle den Behälter an einen hellen und warmen Ort, z. B. auf das Fensterbrett über der Heizung.

Decke die Erde mit Frischhaltfolie ab und hebe sie jeden Tag einmal an, damit Luft an die Keimlinge kommt.

Halte die Erde immer ein bisschen feucht, aber nicht zu nass, und warte ...

... die Kresse sprießt schon nach zwei bis drei Tagen!

Frühlings salat

Das brauchst du: altes Schraubglas, Eierpiekser, Gemüsemesser, Geschirrtuch, große Salatschüssel, kleinen Topf, Reibe, Salatbesteck, Schneidebrett, Sparschäler, Suppenteller

1. Wasche den Salat und schleuder ihn in einem Geschirrtuch trocken*. Reiße die Blätter in gut essbare Stücke und gib sie in die Salatschüssel.

2. Stich mit einem Eierpiekser vorsichtig ein Loch in die runde Seite der Eier. Lege sie in einen Topf mit kaltem Wasser und stelle die Platte auf die höchste Stufe. Wenn das Wasser kocht, die Platte auf mittlere Hitze herunterstellen und 8 Min. kochen. Wecker stellen!

3. Schneide die halbe Gurke der Länge nach durch. Lege die beiden glatten Innenflächen nach unten auf ein Brett. Ziehe noch einmal über die ganze Länge je zwei Schnitte, schneide danach quer dünne Scheiben ab.

4. Putze die Champignons* und schneide die Stiele ab. Schneide die Pilze dann in Scheiben oder Viertel.

5. Wenn die Eier fertig sind, das Wasser in die Spüle abgießen und die Eier kalt abbrausen. In kaltem Wasser abkühlen lassen, dann pellen, halbieren und in Scheiben schneiden.

6. Entferne die Enden der Karotten und schäle sie ab. Reibe sie – vielleicht erst einmal auf einen Suppenteller. Vorsicht mit den Fingern, wenn das Möhrenstück klein wird!

7. Alles in die Salatschüssel geben und mit dem Salatbesteck vorsichtig vermischen.

8. Die Zutaten für die Salatsoße in das saubere alte Schraubglas geben, fest zudrehen und kräftig schütteln! Gieß die Soße erst kurz vor dem Servieren über den Salat, sonst wird er matschig.

Dazu schmeckt Baguettebrot.

1 Blattsalat (Kopfsalat, Eichberg, Lollo bianco o. ä.)
2 Eier
½ Salatgurke
200 g Champignons
2 Karotten
150 g Mais

Für die Salatsoße
8 EL Olivenöl
3 EL Balsamico-Essig
½ TL Salz, etwas Pfeffer
1 EL flüssiger Honig

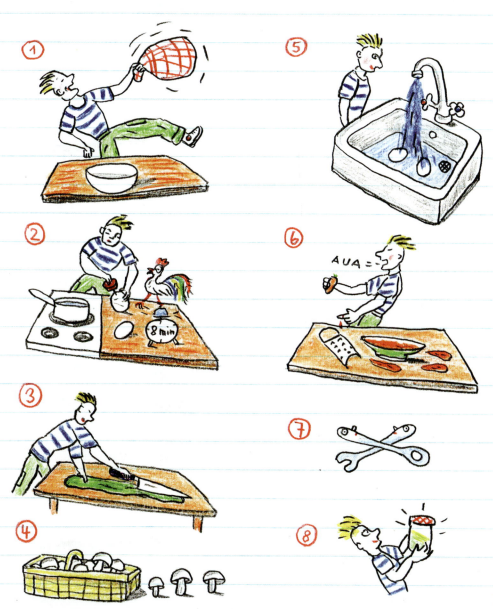

Frühlingssuppe

Das brauchst du:

Gemüsemesser,
großen Topf,
Kochlöffel,
Schneidebrett,
Sparschäler,
Wiegemesser

1 Bund Frühlingszwiebeln
4 mittelgroße Karotten
2 große Kartoffeln
2 EL Sonnenblumenöl
1 l Gemüsebrühe*
150 g Erbsen (tiefgekühlt)
1 Bund glatte Petersilie
1 TL Currypulver
Salz, etwas Pfeffer

1. Frühlingszwiebeln, Karotten und Kartoffeln schälen und in schmale mundgerechte Stücke schneiden.

2. Öl in einem Topf erhitzen, das Gemüse hineingeben und kurz anbraten, bis das Gemüse ein ganz bisschen braun ist. Immer mal umrühren. Dann vorsichtig die Gemüsebrühe dazugießen.

3. Gib die Erbsen dazu und koche alles, bis es weich ist, etwa 10–12 Min.

4. Wasche die Petersilie und schüttle sie trocken*. Pflücke die Blätter von den ganz dicken Stielen ab und hacke sie mit dem Wiegemesser klein.

5. Rühre die Petersilie in die Suppe und schmecke sie mit Currypulver, Salz und Pfeffer ab. Aufpassen: immer erst wenig dazugeben, umrühren und nochmal probieren!

Du kannst auch Backerbsen auf die fertige Suppe tun oder Baguettebrot dazu servieren.

Spaghetti mit Zitronensauce

Gemüsemesser, großen Topf, 2 kleine Schüsseln, Kochlöffel, Nudelsieb, Reibe, Schneidebrett, Topflappen, Wiegemesser, Zitruspresse

1. Erhitze viel Wasser in einem großen Topf. Wenn das Wasser kocht, gib Salz dazu und schütte die Nudeln vorsichtig hinein. Kochzeit auf der Verpackung nachlesen und den Küchenwecker stellen!

2. Für die Zitronen-Parmesan-Soße die Zitronen so abreiben, dass die gelbe Schale gerade weg ist, beiseitestellen. Nun die Zitronen halbieren und den Saft auspressen. Geriebenen Parmesan in einer Schüssel mit der Zitronenschale mischen, dann mit dem Zitronensaft und dem Olivenöl kräftig verrühren. Mit Salz und Pfeffer würzen.

3. Basilikum waschen und trockenschütteln, mit dem Wiegemesser grob hacken und in einer Schüssel zum Dekorieren auf den Tisch stellen.

4. Sind die Nudeln fertig, schütte sie in der Spüle in ein Nudelsieb. Vorsichtig mit dem Wasserdampf – Topflappen benutzen!

5. Die Nudeln mit der Soße vermischen und sofort servieren

500 g Spaghetti
1 TL Salz
2 Bio-Zitronen
80 g geriebener Parmesan

4 EL Olivenöl
½ TL Salz, etwas Pfeffer
1 Bund Basilikum

Blitz-Pizza

Das brauchst du:

Backblech, Backpapier, Gemüsemesser, große und kleine Schüssel, Knoblauchpresse, Kochlöffel, Messer, Nudelholz, Schneidebrett, Sparschäler, Topflappen, Wiegemesser

Für den Teig
300 g Mehl
150 g Quark (10% Fett)
6 EL Milch
6 EL Olivenöl
1 Päckchen Backpulver
½ TL Salz

1. Heize den Backofen auf 200 °C vor.

2. Verrühre alle Teigzutaten mit einem Kochlöffel in einer großen Schüssel. Knete den Teig mit den Händen so lange, bis eine feste Kugel entstanden ist. Klebt der Teig an den Händen, ist er noch zu feucht, einfach etwas Mehl dazugeben. Teigkugel in der Schüssel ruhen lassen.

3. Verrühre in der anderen Schüssel die passierten Tomaten mit dem Tomatenmark. Schäl die Knoblauchzehe und drücke sie durch eine Knoblauchpresse in die Tomatensoße. Wasch das Basilikum, schüttle es trocken* und hacke es mit dem Wiegemesser klein. Rühre es zusammen mit dem Olivenöl in die Soße. Mit Salz, Pfeffer und Oregano abschmecken.

4. Schäle, wenn nötig*, putze und schneide das Gemüse in Stücke, die gut auf eine Pizza passen. Entferne dabei Endstücke oder Kerne.

Für die Tomatensoße
1 Packung passierte Tomaten (etwa 400 ml)
5 EL Tomatenmark (aus der Tube)
1 Bund Basilikum
1 TL Salz
½ TL Pfeffer
½ TL Paprikapulver
1 Knoblauchzehe
1–2 EL Olivenöl

Für den Belag
Jedes Gemüse, das du gern magst,
z. B. Mais, Paprika, Tomaten, Zwiebeln …
250 g geriebener Gouda

5. Rolle den Teig auf einer sauberen glatten Fläche aus. Lege dafür ein Stück Backpapier in der Größe deines Backblechs auf die Fläche. Reibe ein Nudelholz mit etwas Mehl ein, damit der Teig nicht daran festklebt. Rolle den Teig auf dem Backpapier nach allen Seiten aus, bis er auf ein Backblech passt. Ziehe das Backpapier mit dem Teig auf das Blech.

6. Streiche die Tomatensoße gleichmäßig auf den Pizzaboden. Verteile die Gemüsestücke darauf und streue den Käse darüber. Je dünner der Belag, desto knuspriger die Pizza. Schieb das Blech in mittlerer Höhe für 15 Min. in den heißen Backofen. Küchenwecker stellen!

7. Wenn der Käse ein ganz bisschen braun wird, ist die Pizza fertig. Nimm das Blech aus dem Backofen. Achtung: Topflappen oder Schutzhandschuhe nicht vergessen! Die Pizza 1–2 Min. auskühlen lassen und in Stücke schneiden.

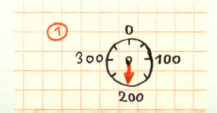

Englische Kokoskekse

Ergibt etwa 50 Stück

Das brauchst du: Backblech, Backpapier, Backrost, große Schüssel, kleinen Topf, Handrührgerät, Kaffeebecher, Keksdose für die Aufbewahrung, Kochlöffel, Messer, Pfannenwender, 2 Teelöffel, Topflappen, Untersetzer

1. Heize den Backofen bei Umluft auf 150 °C vor.

2. Vermische in einer Schüssel Mehl, Haferflocken, Kokosraspeln, Zucker, Backpulver und Salz gründlich mit einem Kochlöffel.

3. In einem Topf Butter und Sirup bei schwacher Hitze zerlassen. Nicht kochen! Die zerlassene Butter-Sirup-Mischung in die trockenen Zutaten geben und mit dem Handrührgerät zu einem feuchten und festen Teig verkneten.

4. Gib den Teig portionsweise mit zwei Teelöffeln auf das mit Backpapier ausgelegte Backblech. Platz lassen, die Kekse laufen beim Backen noch auseinander! Mit dem Löffelrücken etwas plattdrücken, so dass etwa 4 cm große flache Plätzchen entstehen.

5. Schiebe das Blech für 20 Min. in den Ofen. Währenddessen das zweite Blech vorbereiten. Wenn du nur ein Backblech hast, bereite den zweiten Schwung Kekse auf Backpapier vor. Lass das Blech nach dem ersten Backen kurz abkühlen und zieh dann das ganze Backpapier aufs Blech, am besten sollte dabei jemand helfen.

6. Nimm das Blech aus dem Backofen (Topflappen!) und stelle es auf einen Untersetzer. Ineinandergelaufene Kekse vorsichtig mit einem Messer trennen, dann alle Kekse mit einem Pfannenwender vom Blech nehmen und zum Abkühlen auf einen Backrost legen. Backe nun das nächste Blech.

7. Alle Kekse vollständig abkühlen lassen und in Blech- oder Tupperdosen aufheben – immer nach Sorten getrennt.

Schmeckt auch gut, wenn du statt der Kokosraspeln gemahlene Haselnüsse oder Mandeln verwendest. Oder Rosinen. Oder gehackte Schokolade. Probier aus, was du magst!

In England werden Backzutaten immer mit Tassen abgemessen. Nimm einfach einen Kaffeebecher, da passen etwa 230 ml rein.

1 Kaffeebecher Mehl
1 Kaffeebecher Haferflocken
1 Kaffeebecher Kokosraspeln
1 Kaffeebecher Zucker

1 TL Backpulver
1 Prise Salz
120 g Butter
1 EL Sirup (z. B. Zuckerrüben oder Ahorn)

Sommer: Picknick im Grünen

Endlich Ferien! Wie wär's mit einem Picknick? Am besten eignen sich dazu Sachen, die du in fest verschließbaren kleinen Boxen transportieren und ohne Messer und Gabel essen kannst.

Zum Beispiel:
- kleine Pellkartoffeln mit Dip (s. S. 24)
- verschieden belegte Brote
- kalte Veggieburger (s. S. 48)
- hartgekochte Eier
- Gemüsesticks mit Joghurtdip (s. S. 30)
- Obststückchen mit Zitrone beträufelt
- Kokoskekse (s. S. 20)
- Wasser oder Saftschorle

Packe alles in eine leichte feste Tasche. Außerdem brauchst du eine Decke, Pappteller und Pappbecher, Servietten, Salz und Pfeffer für das Gemüse und die Eier – und natürlich einen Abfallbeutel. Such dir eine schöne Stelle im Park, am Fluss oder im Wald – und los!

Pellkartoffeln mit dreierlei Dips

Gabel, Gemüsemesser, großen Topf, große Schüssel, 3 kleine Schüsseln, 3 Löffel, Schneebesen, Schneidebrett, Schüssel, Topflappen, Wiegemesser, Zitruspresse

1. Kartoffeln waschen und mit Wasser bedeckt im Topf auf den Herd stellen. Salzen und die Platte auf die höchste Stufe stellen (Deckel drauf!). Wenn das Wasser blubbert, auf mittlere Hitze runterschalten. 20 Min. garen – ganz große Kartoffeln brauchen bis zu 30 Min. Stich mit einer Gabel rein: Wenn die Kartoffeln weich sind, sind sie gut.

2. Halbiere die Zitrone und presse sie aus. Gib den Quark in eine Schüssel und rühre mit dem Schneebesen Milch, Zitronensaft, Salz und Pfeffer unter.

3. Schäle Zwiebel und Knoblauch und hacke alles ganz klein. Rühre beides in den Quark und teile ihn dann auf drei kleine Schüsseln auf.

4. Für den roten Quark die Tomate und Paprika waschen und in vier Stücke teilen. Grüne Stiele und Kerne entfernen, auch die weißen Ränder innen in der Paprika. Das rote Gemüse feinwürfeln und mit einem Löffel in die erste Portion Quark rühren. Mit dem Tomatenmark rot färben und mit Salz, Pfeffer und Paprikapulver abschmecken.

5. Für den grünen Quark die Kräuter waschen und abtrocknen, die Blätter abzupfen und mit dem Wiegemesser klein hacken. In die zweite Quarkportion mischen und mit Salz und etwas Pfeffer abschmecken.

6. Für den gelben Quark die gelbe Paprika wie vorher die rote vorbereiten und würfeln. Quark mit etwas Curry- oder Kurkumapulver einfärben, Paprikawürfel zugeben und mit Salz und Pfeffer abschmecken.

7. Wenn die Kartoffeln gar sind, das Wasser in die Spüle abgießen. Vorsicht, der Topf ist heiß und schwer (Topflappen!). Kartoffeln etwas auskühlen lassen. Mit einem Schälmesser pellt sich jeder am Tisch seine Kartoffeln selbst.

Grundrezept Quark
750 g Quark (10% Fett)
250 ml Milch
1 Zitrone
¼ TL Salz, etwas Pfeffer
1 kleine Zwiebel
1 Knoblauchzehe

800 g Kartoffeln
1 TL Salz

Für den roten Quark
1 Tomate, 1 rote Paprika,
2 EL Tomatenmark, Salz,
Pfeffer, Paprikapulver

Für den grünen Quark
1 Bund Petersilie, 1 Bund
Schnittlauch, 1 Schale Kresse,
Salz, Pfeffer

Für den gelben Quark
1 gelbe Paprika, Salz, Pfeffer,
Curry- oder Kurkumapulver

Pfannkuchentorte

Backblech, Backpapier, Gemüsemesser, 2 große Schüsseln, großes Messer, 3 große Teller, Löffel, Pfanne, Schneebesen, Schneidebrett, Schöpfkelle, Sparschäler, Topflappen, Untersetzer

1. Heize den Backofen bei Umluft auf 175 °C vor.

2. Verquirle die Eier und das Mehl mit dem Schneebesen in einer großen Schüssel. Gib nach und nach Milch dazu. Würze mit Salz, Pfeffer und einer Prise Zucker. Kurz zur Seite stellen, damit der Teig »gehen« kann.

3. Schäle, wenn nötig*, putze und schneide dein Lieblingsgemüse in schmale, mundgerechte Stücke. Entferne dabei Endstücke oder Kerne. Lege das Gemüse auf ein mit Backpapier bedecktes Backblech. Gieß Olivenöl darüber, würze mit Salz, Pfeffer, Rosmarin und Paprikapulver und misch alles nochmal durcheinander. Ist der Backofen heiß, Blech hineinschieben. Stell den Küchenwecker auf 20 Min.

4. Back nun die Pfannkuchen. Stell die großen flachen Teller neben den Herd, und gib 2 EL Öl in die Pfanne. Ist das Fett heiß, gib soviel Teig in die Pfanne, bis der Boden etwa 1 cm hoch bedeckt ist. 2 Min. backen, bis der Teig fest wird. Lass den Pfannkuchen vorsichtig auf einen großen Teller gleiten. Decke ihn mit einem zweiten Teller ab, drehe alles um, nimm den Deckel wieder ab und lass den Pfannkuchen nun mit der anderen Seite in die Pfanne gleiten. Backe ihn auch von dieser Seite 2 Min. Leg die fertigen Pfannkuchen auf einen dritten großen Teller und backe weiter, bis der Teig alle ist.

5. Ist das Backofen-Gemüse fertig, nimm das Blech vorsichtig heraus (Topflappen!). Stell es auf einen Untersetzer und lass es abkühlen. Gib dann das Gemüse in eine Schüssel und vermische es vorsichtig mit einem Drittel des geriebenen Käses (60 g).

6. Staple nun die Torte: Leg auf das mit Backpapier ausgelegte Backblech den ersten Pfannkuchen und gib etwas Gemüse darauf, dann immer abwechselnd Pfannkuchen und Gemüse. Oben liegt der letzte Pfannkuchen.

Für den Teig
3 Eier
200 g Mehl
400 ml Milch
½ TL Salz, etwas Pfeffer,
1 Prise Zucker
2 EL Sonnenblumenöl
180 g geriebenen Gouda

Für die Füllung
800 g gemischtes Gemüse der Saison,
z. B. Lauch, Paprika, Champignons*, Tomaten, Zucchini,
Zwiebel …
2 EL Olivenöl
1 TL Salz, ½ TL Pfeffer
½ TL gemahlener Rosmarin
½ TL Paprikapulver (edelsüß)

7. Streu den restlichen Käse darüber und schieb das Blech noch einmal für 10 Min. in den Ofen bei 175 °C. Wenn der Käse goldbraun ist, nimm das Blech (Topflappen!) aus dem Backofen, und tu die Torte mit dem Backpapier auf einen der großen Teller. Kurz abkühlen lassen, dann vorsichtig mit einem großen Messer in Viertel schneiden.

Gefüllte Pita-Taschen

Für 4 Taschen

Das brauchst du:

Gemüsemesser, Geschirrtuch, Löffel, Pfanne, Schneidebrett, 3 Schüsseln, Sparschäler, Toaster, Wiegemesse, Pitataschen

1. Rühre den Frischkäse mit einem Löffel in einer Schüssel mit Milch und etwas Pfeffer glatt. Kräuter waschen, trockenschütteln, mit dem Wiegemesser hacken und in den Frischkäse rühren.

2. Wasche und schleudere die Salatblätter in einem Geschirrtuch trocken*, reiß sie in Streifen. Tomaten waschen, Grün entfernen, halbieren und das harte Innere herausschneiden. Dann in kleine Würfel schneiden, den Feta ebenso. Fülle alles zusammen in eine Schüssel.

3. Entferne die Endstücke von den Karotten, schäle sie und schneide sie in gut essbare Stückchen. Entferne Spitzen und Wurzel von der Frühlingszwiebel, wasche sie und hacke sie klein.

Für die Creme
1 Packung Frischkäse
(17% Fett)
2–3 EL Milch
etwas Pfeffer
7 Stängel glatte Petersilie
oder 1 Päckchen Kresse
1 TL Paprika (edelsüß)

Zum Belegen
8 Salatblätter
(Eisberg- oder Kopfsalat)
2 Tomaten
200 g Fetakäse
1 Handvoll Oliven
oder Kapern

Für das Gemüse
3 mittelgroße Karotten
3 Lauchzwiebeln
2 EL Sonnenblumenöl

4. Gib Öl in eine Pfanne und röste das Gemüse auf mittlerer Hitze 5 Min., bis es ein bisschen braun ist. Gib das Gemüse in eine Schüssel.

5. Toaste nun die Pitataschen.

Geht auch gut mit fertigen Wrap-Böden! Diese in einer heißen Pfanne etwa 30 Sek. pro Seite erhitzen und zum Füllen auf einen großen Teller legen. Nach dem Belegen erst die Unterkante umschlagen und dann einrollen.

6. Stell alles zusammen auf den Tisch, so dass jeder seine Pita selbst füllen kann.

Indische Gemüse-Pakora mit Joghurtdip

Alufolie, Gemüsemesser, 2 große Schüsseln, 2 große Teller, großen Topf, Kochlöffel, Küchenpapier, 2 Löffel, Reibe, Schaumlöffel, Schneidebrett, Sparschäler, Wiegemesser

1. Fülle den Joghurt in eine Schüssel. Schäle und halbiere die Salatgurke, entkerne sie mit einem Löffel und reibe sie. Schneide die Zwiebel, die Knoblauchzehe und Minze klein. Rühre alles zusammen mit einem Löffel in den Joghurt und würze mit Zitronensaft und Salz.

2. Schäle, wenn nötig*, putze und schneide das Gemüse in schmale, mundgerechte Stücke. Entferne dabei Endstücke oder Kerne. Das geht natürlich nicht mit jedem Gemüse: Einen Blumenkohl teilst du z. B. in kleine mundgerechte Röschen.

3. Für den Teig gib das Kichererbsenmehl in eine Schüssel, und mische es mit Salz, Pfeffer, Kurkuma und Kreuzkümmel. Gieß das kalte Wasser portionsweise dazu und rühre mit einem Kochlöffel kräftig um, bis ein glatter Teig entsteht.

4. Nimm dir einen sauberen Teller. Tunke nacheinander alle Gemüsestücke in den Teig, so dass sie vollständig bedeckt sind und leg sie dann auf dem Teller ab.

5. Setz einen Topf mit dem Frittierfett auf den Herd und erhitze es. Stell den zweiten Teller neben den Herd und lege Küchenpapier darauf. Nach kurzer Zeit hältst du vorsichtig den Stiel eines Holzlöffels ins Öl: bilden sich Luftbläschen, ist das Öl heiß genug. Nun backst du die Gemüsestücke portionsweise in dem Öl, bis sie schön braun und knusprig sind. Die fertigen Stücke mit einem Schaumlöffel herausfischen und auf dem Küchenpapier ablegen. Vorsicht, das Fett ist sehr heiß!

Gemüse	Für den Teig	Für den Joghurtdip
1 kg gemischtes Gemüse z. B. Blumenkohl, Champignons*, Kartoffeln, Zucchini ...	200 g Kichererbsenmehl ¼ TL Salz, etwas Pfeffer 1 TL Kurkumapulver 1 Messerspitze Kreuzkümmel 270 ml kaltes Wasser 1 l Frittierfett (das kannst du noch mal verwenden)	500 ml Naturjoghurt 1 Salatgurke 1 kleine Zwiebel 1 Knoblauchzehe 2 EL frische Minze 4 EL Zitronensaft Salz

6. Um das fertige Gemüse warm zu halten, kannst du es mit Alufolie abdecken. Dann sofort mit dem Joghurtdip, der auf indisch Raita heißt, servieren.

Erdbeermarmelade

Ergibt zwei Gläser

Das brauchst du:
Gemüsemesser, Kochlöffel, 2 saubere Marmeladengläser mit Deckel, Schneidebrett, mittleren Topf, Topflappen

500 g Erdbeeren
250 g Gelierzucker 2:1

1. Wasche die Erdbeeren sorgfältig und entferne die Stiele. Schneide das Obst so klein, wie du es später in der Marmelade möchtest – je kleiner die Stücke, desto feiner wird die Marmelade!

2. Tu die Erdbeeren mit dem Gelierzucker in den Topf und lasse sie bei mittlerer Hitze langsam aufkochen. Dabei immer wieder umrühren. Allerhöchstens 5 Min. sprudelnd kochen lassen, und dann heiß in die Gläser gießen – vorsichtig!

3. Schraube den Deckel mit einem Topflappen fest zu und stell die Gläser auf den Kopf, bis die Marmelade kalt ist.

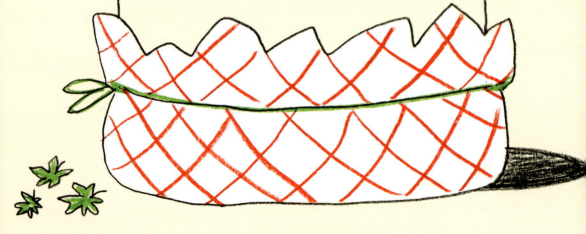

Wenn du Erdbeeren übrig hast und auch noch ein paar andere Obstsorten im Haus sind, kannst du daraus einen leckeren Obstsalat machen: einfach das Obst waschen und kleinschneiden, vorsichtig vermischen und mit etwas braunem Zucker oder Ahornsirup verfeinern. Zum Schluss mit Mandeln oder Nüssen dekorieren.

Schmeckt auch gut mit dem Pfannkuchen von S. 26

Herbst: Kürbisgesichter schnitzen

Jetzt wird's bunt! Die Bäume sind grün, rot und gelb, der Himmel ist an manchen Tagen so blau wie nicht mal im Sommer, die Sonne scheint golden und Halloween steht vor der Tür.

Lege einen Kürbis auf eine Unterlage, damit er nicht wegrollt. Am besten nimmst du beim ersten Mal einen kleinen Kürbis, z. B. einen Hokkaido. Stich vorsichtig mit einem großen scharfen Messer unterhalb des Stielansatzes in den Kürbis und schneide im Zickzack um den Stiel herum einen Deckel aus – wenn das zu schwierig ist, geht auch ein Kreis. Nimm den Deckel ab und schabe mit einem großen Löffel das Fleisch und die Kerne heraus. Aus dem Fleisch kannst du die Kürbissuppe von S. 36 machen. Es sollte eine 1–2 cm dicke Wand übrigbleiben.

Überlege dir ein gruseliges Gesicht und schneide mit dem Messer vorsichtig Augen, Nase und Zähne in den Kürbis. Stell eine kleine Kerze oder ein Teelicht rein, lege den Deckel wieder drauf – fertig ist das Monstergesicht!

Und denk dran: Lass dir lieber helfen, wenn das Schneiden zu schwer ist!

Kürbissuppe mit Orange & Kokosmilch

Esslöffel, Gemüsemesser, Geschirrtuch, großen Topf, großes Messer, Kochlöffel, Pürierstab, Schneidebrett, Sparschäler, Zitruspresse

1. Halbiere den Kürbis und kratze die Kerne mit einem Esslöffel heraus. Schneide ihn mit der Schale in große Stücke*.

2. Entferne die Endstücke von den Karotten und schäle sie. Schäl den Knoblauch und die Zwiebel. Schneide alles in grobe Stücke. Das muss nicht so genau sein, später wird alles püriert.

3. Gib das Öl in einen Topf und lass es bei mittlerer Hitze warm werden. Gib die Zwiebeln und den Knoblauch hinein und siehe beim Rühren zu, wie die Zwiebeln durchsichtig werden. Gib dann die Karotten dazu, nach 3 Min. auch den Kürbis.

4. Gieße nun die Brühe und die Kokosmilch hinein, rühre kräftig um und lasse alles bei niedriger Hitze köcheln, bis das Gemüse schön weich ist. Das dauert ungefähr 30 Min.

5. Presse in der Zwischenzeit die Orangen aus.

6. Die Suppe vom Herd nehmen, mit Salz, wenig Pfeffer, Kurkuma, Kreuzkümmel und Honig würzen und pürieren. Leg dafür ein Geschirrtuch über den Topf und halte an einer Stelle den Pürierstab hinein, dann kann keine heiße Suppe herausspritzen. Wenn die Suppe zu dick ist, noch etwas Wasser dazugeben.

7. Ganz zum Schluss den Orangensaft hineinrühren.

1 Hokkaidokürbis (1,25–1,5 kg)
3 mittelgroße Karotten
2 Knoblauchzehen
1 Zwiebel
2 EL Sonnenblumenöl
500 ml Gemüsebrühe*
400 ml Kokosmilch
2 Orangen
½ TL Salz, etwas Pfeffer
½ TL Kurkumapulver
¼ TL Kreuzkümmelpulver
1 TL Honig

Pasta à la Timo

 Timo ist der Koch im KIMBAmobil

Gemüsemesser, 2 große Töpfe, Kochlöffel, Löffel, Nudelsieb, Schneidebrett, Sparschäler, Wiegemesser

1. Schäle, wenn nötig*, putze und schneide das ganze Gemüse in kleine Stücke. Entferne dabei Endstücke und Kerne.

2. Erhitze das Öl im Topf bei starker Hitze. Wirf nach 1–2 Min. ein Zwiebelwürfelchen hinein – entstehen kleine Bläschen, ist das Öl heiß genug. Dreh den Herd auf mittlere Hitze herunter und gib Zwiebelwürfel, Knoblauch und Tomatenmark dazu. Rühre immer wieder um, damit nichts anbrennt – sonst gib schnell noch 1 EL Öl dazu.

3. Gib nacheinander das Gemüse dazu – das härteste Gemüse zuerst, das weichste zuletzt – und rühre ab und zu um. Gib als letztes die passierten Tomaten dazu.

4. Nun mit Salz, Pfeffer und Zucker würzen. Alles bei mittlerer Hitze 10–15 Min. sanft köcheln. Wird die Soße zu dick, gib noch mal 2 EL Wasser und 2 EL Tomatenmark dazu. Regelmäßig umrühren.

5. Für die Nudeln Wasser in einem großen Topf erhitzen. Wenn das Wasser sprudelnd kocht, gib die Nudeln mit dem Salz ins Wasser. Vorsicht, Wasserdampf ist noch heißer als kochendes Wasser! Kochzeit auf der Verpackung nachlesen und den Küchenwecker stellen.

6. Basilikumblätter abpflücken, waschen und trockentupfen. Ein paar für die Dekoration beiseitelegen und mit dem Wiegemesser hacken. Die Soße mit Salz, Pfeffer, Paprikapulver und etwas Zitronensaft abschmecken. Gib die Basilikumblätter in die fertige Soße und koste mit einem sauberen Löffel.

500 g Fusilli oder Girandole
(Spiralnudeln)
1 TL Salz

3 mittelgroße Karotten
1 gelbe Paprika
1 mittelgroße Zucchini
½ Gemüsezwiebel

1 Knoblauchzehe
2 EL Olivenöl
1 Tube Tomatenmark
1 Packung passierte Tomaten
1 TL Salz, etwas Pfeffer, eine Prise
Zucker, Paprikapulver, Zitronensaft
1 Bund frisches Basilikum
geriebener Käse (Parmesan)

7. Sind die Nudeln gar (probieren!), stell ein Nudelsieb in die Spüle und gieß sie vorsichtig hinein. Achtung, der Topf ist heiß und schwer! Lass die Nudeln kurz abtropfen.

8. Die Nudeln mit der Soße vermischen und mit geriebenem Käse servieren.

Asiatischer Schock-Wok

Das brauchst du: Gemüsemesser, große Schüssel, Kochlöffel, Schneidebrett, Sparschäler, Wok

1. Weiche die Reisnudeln ein. Dafür legst du sie in eine große Schüssel und übergießt sie mit heißem – aber nicht kochendem – Wasser, bis sie bedeckt sind. Nach 5 Min. sind sie weich, und du kannst das Wasser vorsichtig abgießen.

2. Schäle, wenn nötig*, putze und schneide das Gemüse in kleine mundgerechte Stücke. Entferne dabei Endstücke und Kerne. Schneide zuletzt Zwiebeln und Knoblauch ganz klein.

3. Erhitze das Öl im Wok bei mittlerer Hitze. Es soll heiß sein, aber nicht rauchen. Gib die Zwiebeln und den Knoblauch hinein und beobachte, wie die Stücke leicht durchsichtig werden. Umrühren!

300 g dünne Reisbandnudeln (Reisvermicelli)
800 g Gemüse nach Wahl, z. B. Bambussprossen, Brokkoli, bunte Paprika, Champignons*, Karotten, Zucchini ...
1 Zwiebel
1 Knoblauchzehe
2 EL Erdnussöl
100 ml Gemüsebrühe*
3 EL dunkle Sojasoße
2 EL Austernsoße
2 TL Essig
2 TL Zucker

Zum Dekorieren
1 Handvoll Sojasprossen
3 EL gehackte Erdnüsse

4. Gib nacheinander das Gemüse dazu – das härteste Gemüse zuerst, das weichste zuletzt – und rühre ab und zu um.

5. Hebe die Nudeln vorsichtig unter das Gemüse.

6. Gieß die Brühe dazu und lass alles noch 5 Min. weiterbraten.

7. Schmecke mit Soja- und Austernsoße, Essig und Zucker ab.

8. Mische die Sojasprossen unter und bestreu die Nudeln mit den gehackten Erdnüssen.

Tipp: Wenn du keinen Wok hast, kannst du auch eine große tiefe Pfanne nehmen!

SOJASOSSE BESTEHT AUS SOJABOHNEN, GETREIDE, SALZ

REISBAND-NUDELN WERDEN AUS REISMEHL HERGESTELLT.

AUSTERN-SOSSE BESTEHT AUS AUSTERNEXTRAKT, SALZ, KNOBLAUCH & SOJASOSSE

ERDNUSS-ÖL BESTEHT AUS DEN SAMEN DER ERDNUSS

Apple-Crumble

Für eine Auflaufform 24 x 32 cm

Das brauchst du: Auflaufform, Backpinsel, Gemüsemesser, Kochlöffel, Schneidebrett, Schüssel, Sparschäler, Topflappen, Untersetzer

1. Heize den Backofen bei Umluft auf 200 °C vor.

2. Wasche, schäle, halbiere und entkerne die Äpfel. Schneide sie in etwa 1 cm dicke Scheiben.

3. Streich etwas Butter mit dem Backpinsel auf den Boden der Form und verteile die Apfelscheiben gleichmäßig darauf.

4. Gib Mehl, Zucker, Zimt und eine Prise Salz in eine Schüssel und mische alles mit einem Kochlöffel gut durch.

5 große Äpfel
weiche Butter für die Form

Für die Streusel
150 g Mehl
90 g brauner Zucker
1 TL Zimt
1 Prise Salz
90 g ganz kalte Butter

5. Schneide nun mit dem Messer kleine Stückchen von der kalten Butter ab und knete sie schnell mit dem Mehlgemisch zu Streuseln, die Butter darf dabei nicht zu weich werden! Gib die Streusel über die Äpfel.

6. Wenn der Backofen heiß ist, 30 Min. backen. Dann die Form mit Topflappen herausholen und auf einem Untersetzer kurz abkühlen lassen.

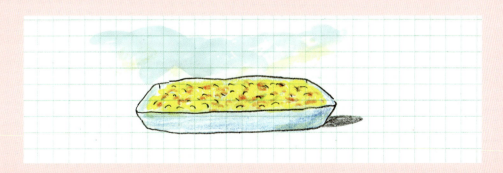

Winter: Adventsdekoration

Die Tage sind kurz, draußen friert es – da ist es drinnen doch gemütlicher: Kerzenschein, heiße Getränke, über die Weihnachtsgeschenke nachdenken ... Vielleicht hast du Lust, dir etwas Adventsduft ins Haus zu holen?

Wasch eine schöne Orange und trockne sie gut ab. Nimm nun ein paar Gewürznelken. Aber Vorsicht: Sie sind spitz wie kleine Nägel. Stich nun eine Gewürznelke mit der Spitze in die Schale, bis sie fest sitzt. Steck in regelmäßigen Abständen noch fünf bis zehn Gewürznelken in die Orange, bis dir das Muster gefällt. Fülle eine Schale mit Nüssen und leg die Duftorange hinein. Du kannst auch noch Zimtstangen mit Silberfäden umwickeln und dazu legen. Das sieht gut aus und riecht nach Weihnachten!

Kartoffelsuppe

Das brauchst du: Gemüsemesser, Geschirrtuch, großen Topf, Kochlöffel, Pürierstab, Schneidebrett, Sparschäler

30 Minuten köcheln...

1. Die Kartoffeln schälen, einmal abspülen und in Würfel schneiden. Den Lauch der Länge nach einschneiden, gründlich waschen und in etwa 1 cm breite Ringe schneiden. Die Zwiebel und den Knoblauch schälen und in kleine Stücke schneiden. Das muss nicht so genau sein, später wird alles püriert.

2. In einem Topf bei mittlerer Hitze das Öl erhitzen. Gib die Zwiebeln und den Knoblauch hinein und siehe beim Rühren zu, wie die Zwiebeln durchsichtig werden. Gib die Kartoffeln und den Lauch dazu und lass das Gemüse 5 Min. dünsten, bis es ein bisschen braun ist. Dabei ab und zu umrühren, damit nichts anbrennt.

3. Gieß die Brühe dazu, rühre kräftig um und lass alles bei niedriger Hitze und geschlossenem Deckel köcheln, bis das Gemüse schön weich ist. Das dauert ungefähr 30 Min.

3 große mehligkochende Kartoffeln
1 Stange Lauch
1 Zwiebel
1 Knoblauchzehe
2 EL Sonnenblumenöl
1 l Gemüsebrühe*

100 ml Sahne
Salz, etwas Pfeffer, Muskatnusspulver

Wenn du magst, kannst du z. B. gehackte Kapern, Oliven oder Schnittlauch über die Suppe streuen.

4. Um die Suppe zu pürieren nimmst du den Topf vom Herd, legst ein Geschirrtuch darüber und hälst an einer Stelle den Pürierstab hinein, so spritzt die heiße Suppe nicht.

5. Gieß die Sahne in die Suppe und rühre kräftig um. Stelle den Topf noch einmal bei mittlerer Hitze auf den Herd und lass die Suppe kurz aufkochen.

6. Schmecke die Suppe mit Salz, etwas Pfeffer und Muskat ab.

Veggieburger

Ergibt etwa 8 Burger

Das brauchst du:

Gabel, Gemüsemesser, große Schale, Pfanne, Pfannenwender, Reibe, Schere, Schneidebrett, Sparschäler, Teller

1. Wasche die Frühlingszwiebeln und schneide sie mit einer Schere in kleine Röllchen. Entferne von den Karotten und den Zucchini die Endstücke, schäle und reibe sie. Stell die Reibe dafür in eine Schale, um das Geriebene aufzufangen. Vorsicht: Gemüsereiben sind sehr scharf. Pass auf deine Finger auf, vor allem, wenn das Gemüsestück klein wird!

2. Das geriebene Gemüse mit einer Gabel mit den Eiern, Haferflocken und Gewürzen vermengen. Lass die Mischung mind. 10 Min. stehen, damit die Gewürze gut einziehen können.

3. Forme aus der Gemüsemasse etwa 8 Taler und lege sie auf einen Teller. Alle Taler sollten möglichst gleich groß sein, damit sie dieselbe Zeit zum Braten brauchen.

4. Gib das Öl in eine Pfanne. Achtung: Öl spritzt manchmal! Wenn es bruzzelt, dann hat es die richtige Temperatur, es darf nicht rauchen. Brate die Taler bei mittlerer Hitze, etwa 6 Min. von jeder Seite. Benutze den Pfannenwender zum Umdrehen! Sie sind fertig, wenn sie eine schöne braune Farbe haben.

5. Stelle die Taler und die Brötchen auf den Tisch. Dazu noch Mayo, Ketchup oder Senf und Belag deiner Wahl, z. B. frische Tomaten, Gurken, Salat, Röstzwiebeln … So kann sich jeder seinen eigenen Lieblingsburger machen.

4 Frühlingszwiebeln
4 Karotten
2 Zucchini
2 Eier

200 g blütenzarte Haferflocken
½ TL Salz
¼ TL Pfeffer

Zweierlei Püree mit Spiegelei

Gabel, Gemüsemesser, Kartoffelpresse, kleine Schüssel, 2 kleine Töpfe, Kochlöffel, Nudelsieb, Pfanne, Pfannenwender, Pürierstab, Schneebesen, Schneidebrett, Sieb, Sparschäler

1. Für das Kartoffelpüree die Kartoffeln schälen und in gleichgroße Würfel schneiden. Stelle einen Topf mit Wasser auf den Herd und erhitze es (Deckel drauf!). Wenn es kocht, gib die Kartoffelwürfel mit dem Salz hinein und koche sie bei mittlerer Hitze, bis sie weich sind, das dauert etwa 15 Min.

2. Währenddessen Milch, Butter, Rosmarin und Pfeffer in einem kleinem Topf erwärmen. Nicht kochen! Rühre immer wieder um, damit die Milch nicht anbrennt. Wenn die Butter schmilzt, kannst du den Topf vom Herd nehmen.

3. Heize den Backofen auf 100 °C vor.

4. Stich mit einer Gabel in ein Kartoffelstück. Ist es weich, sind die Kartoffeln gar. Gieß das Wasser vorsichtig durch ein Nudelsieb in die Spüle ab. Drück dann die Kartoffeln so heiß wie möglich durch die Kartoffelpresse in eine Schüssel. Gieß die warme Milch-Butter-Mischung durch ein Sieb auf die gepressten Kartoffeln und rühre das Ganze mit einem Schneebesen um, bis es schön cremig ist. Im Backofen warmhalten.

Für das Kartoffel-Rosmarin-Püree
2 große Kartoffeln (etwa 500 g)
½ TL Salz
125 ml Milch
50 g Butter
½ TL gemahlener Rosmarin
etwas Pfeffer

Für das Erbsen-Thymian-Püree
250 g Erbsen (tiefgekühlt)
300 ml Gemüsebrühe*
¼ TL Salz, etwas Pfeffer
2 Stängel Thymian
1 EL Milch oder 1 kleines Stück Butter

Für das Spiegelei
4 Eier
1–2 EL Sonnenblumenöl

5. Für das Erbsenpüree die Erbsen und die Gemüsebrühe in einen Topf geben. Gib Salz, Pfeffer und die Thymianstängel dazu und koche alles, bis die Erbsen weich sind, das dauert etwa 10 Min. Fische den Thymian heraus und püriere die Erbsen mit einem Pürierstab. Ist die Masse zu fest, gib ein Stück Butter oder noch Brühe dazu. Im Backofen warmhalten.

6. Erhitze das Sonnenblumenöl in der Pfanne bei mittlerer Hitze. Wenn das Öl warm ist, schlägst du die Eier nacheinander am Pfannenrand auf und lässt sie in die Pfanne gleiten. Brate bis das Ei so ist wie du es magst. Das dauert etwa 3–5 Min. Nimm die Spiegeleier mit einem Pfannenwender aus der Pfanne und serviere sie zusammen mit den Pürees.

Schokoladenfondue

Das brauchst du: Gemüsemesser, Holzlöffel, 4 kleine Gabeln, mittleren Topf, Schälchen, Schneidebrett

1. Schäle, wenn nötig, und wasche das Obst. Tupfe es ganz trocken und schneide es in mundgerechte Bissen. Fülle es in Schälchen und stelle sie auf den Tisch.

2. **Brich die Schokolade** in kleine Stücke.

3. Stelle den Topf mit der Sahne und dem Vanillezucker bei mittlerer Hitze auf den Herd. Lass alles einmal kurz aufkochen und zieh den Topf dann sofort vom Herd.

250 g Zartbitterschokolade (50 – 60% Kakaogehalt)
200 g Sahne
1 Päckchen Vanillezucker
500 g frisches
Obst nach Wahl, z. B. Äpfel, Bananen, Birnen, Erdbeeren

> Wenn du einen richtigen Fonduetopf, Fonduegabeln und ein Rechaud hast, auf dem die Schokolade warm und flüssig bleibt, dann ist es noch einfacher.

4. Rühre die Schokolade mit einem Holzlöffel portionsweise in die Sahne, bis die Masse gleichmäßig glatt ist, am besten in der Form einer 8 rühren.

5. Nun kann jeder selbst mit einer kleinen Gabel das Obst in die Schokolade dippen.

Fleisch oder Gemüse?

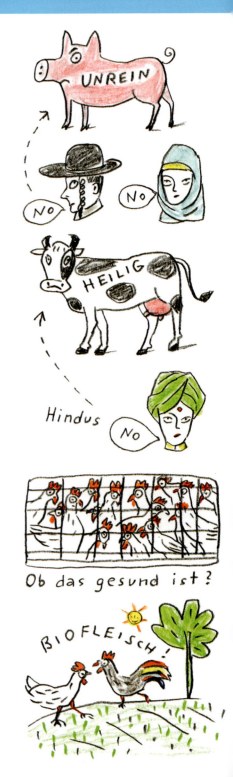

Menschen haben schon immer gern Fleisch gegessen, auch weil es Eiweiß und Vitamine enthält und viel Energie liefert. Früher war Fleisch teuer und deshalb etwas Besonderes. Und noch heute sind in manchen Religionen gewisse Arten von Fleisch tabu. Im Islam und im Judentum z. B. gilt Schweinefleisch als unrein. Und Hindus wiederum essen kein Rindfleisch, weil Kühe ihnen heilig sind.

In Deutschland wird viel Fleisch gegessen, auch weil es sehr günstig ist. Außerdem enthalten fast alle traditionellen deutschen Rezepte Fleisch. Tiere werden speziell zum Schlachten gezüchtet, in Massentierhaltung. Sie müssen dabei schnell wachsen, können sich in ihren Ställen kaum bewegen und werden übermäßig gefüttert. Deshalb werden sie oft krank und bekommen starke Medikamente. Diese gehen in das Fleisch über, das später auf den Tellern landet. Ob das gesund ist?

In der ökologischen Tierzucht hingegen werden die Tiere möglichst artgerecht gehalten. Das heißt, sie dürfen in Ruhe wachsen, können auf die Weide, und bekommen normale Futtermengen. So dauert es länger, bis die Tiere ihr Schlachtgewicht erreicht haben und auch deshalb ist das »Biofleisch« teurer.

Manche Menschen verzichten ganz auf Fleisch und Fisch, d. h. sie essen vegetarisch. Und Veganer essen überhaupt keine Produkte tierischer Herkunft, auch keine Milch, Eier, Käse oder Honig. Und sie tragen keine Lederwaren. Natürlich kann jeder selbst entscheiden, was er essen möchte und was nicht.

Süß-salzig-sauer-bitter-umami?

Was schmeckt dir eigentlich am Besten? Süßes? Salziges? Mal was Saures? Und Kaffee wahrscheinlich überhaupt nicht? Oder Chicoree – puh, ganz schön bitter!
Was wie schmeckt melden dir Mund und Nase mithilfe von Geschmacks- und Geruchssinn. In der Mundhöhle, also auf Zunge und Gaumen, befinden sich viele kleine Zellen, die Geschmacksknospen. Die leiten Signale bis an dein Gehirn weiter, wo dann bewertet wird, ob etwas süß, salzig, sauer oder bitter schmeckt. Das sind die vier bekanntesten Geschmacksfamilien. Es gibt aber noch eine fünfte: umami – würzig-herzhaft. Das Wort kommt aus dem Japanischen, weil ein Japaner diese Geschmacksrichtung zum ersten Mal beschrieben hat. Manche Wissenschaftler behaupten sogar, es gäbe noch einen sechsten Geschmack, den die Zunge unterscheiden kann: fetthaltig!

Vielleicht erinnerst du dich daran, dass du früher keinen Käse mochtest oder keine Rosinen, und sie heute gern isst. Das liegt daran, dass sich unser Geschmack das ganze Leben lang weiterentwickelt. Kinder haben die meisten Geschmacksknospen. Daher empfinden sie z. B. Salziges oder Scharfes viel intensiver als Erwachsene.

Was Kindern schmeckt, hängt auch von ihren Müttern ab, denn bereits in der Schwangerschaft gelangen viele Geschmacksstoffe aus der Nahrung ins Fruchtwasser, das die Babys im Mutterleib schlucken. Das gilt ebenso für das Stillen, denn der Geschmack der Nahrung, die die Mutter zu sich nimmt, geht in die Muttermilch über. Und das heißt, was Babys im Mutterleib und durch die Muttermilch kennenlernen, werden sie wahrscheinlich immer gerne mögen. Isst die Mutter also sehr vielseitig, mögen auch die Kinder viele verschiedene Sachen.

Und dass das Aussehen mitbestimmt, was wie schmeckt, kannst du bei dem Experiment auf der nächsten Seite ausprobieren.

Das Auge isst mit? Ein Experiment

Die Zutaten für die Rezepte in diesem Kochbuch sind alle so frisch wie möglich. Anders ist es, wenn du im Supermarkt fertiges Essen kaufst. Denn industriell verarbeitete Lebensmittel sind meist in vielen Schritten zubereitet: gewaschen, gekocht, verdünnt, gefroren. Kein Wunder, dass viele wichtige Inhaltsstoffe wie z. B. Vitamine dabei verloren gehen. Damit die Produkte aber immer noch gut riechen und frisch aussehen, werden Aromen und Farbstoffe zugesetzt. Man sagt ja auch »Das Auge isst mit« – und es leitet unseren Geschmack gern auf eine falsche Fährte. Das beweist ein Versuch, den Lebensmittelchemiker der Beuth-Hochschule Berlin für den KIMBAexpress entwickelt haben. Probier es selbst.

Das brauchst du: rote und blaue Lebensmittelfarbe (die zum Backen), Aprikosen- und Erdbeerjoghurt, vier kleine Schalen, zwei Löffel zum Umrühren und für jeden Tester einen kleinen Löffel

Und so geht's:
- 🍓 Füll die Hälfte des Aprikosenjoghurts in eine Schale, das ist Schale 1
- 🍓 Färbe die zweite Hälfte des Aprikosenjoghurts mit ein paar Tropfen roter Farbe, und gib sie in Schale 2
- 🍓 Füll eine Hälfte des Erdbeerjoghurts in Schale 3
- 🍓 Färbe die zweite Hälfte mit ein wenig blauer Farbe ein und gib sie in Schale 4
- 🍓 Stell die Schalen auf dem Tablett in folgender Reihenfolge auf:
  2 – 4 – 3 – 1

Nun lass jemanden die Joghurtproben der Reihenfolge nach kosten und sagen, was er schmeckt. Du wirst sehen, dass manche Menschen sich durch die Farben täuschen lassen und auch den Joghurt in Schale 2 für Erdbeerjoghurt oder den Joghurt in Schale 4 für Heidelbeerjoghurt halten, bloß weil er lila aussieht. Wenn du regelmäßig selbst kochst, kennst du aber schon bald den eigentlichen Geschmack von Lebensmitteln und merkst schneller, wenn dir einer geschmacklich etwas vormachen will!

Das Biogas-Experiment

Wenn du Gemüse zubereitest, bleibt immer jede Menge übrig. Ab in den Biomüll damit! Denn so können die Biogasanlagen der Entsorgungsunternehmen die entstandenen Reste sinnvoll weiter nutzen. Sie wandeln sie nämlich in Energie um. Und wie das funktioniert, zeigt dir das folgende Experiment:

Du brauchst dazu eine saubere Flasche, Küchenabfall oder Essensreste und einen normalen Luftballon. Füll die Reste in die Flasche und stülpe den Luftballon über den Flaschenhals. Nach einigen Tagen wird sich der Ballon aufrichten.
Er füllt sich mit Biogas, das bei der Zersetzung entstanden ist!

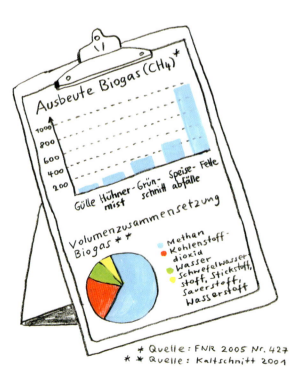

Die Kuh als Biogasanlage

Am liebsten frisst die Kuh frisches Gras. Beim Wiederkäuen wird es in ihren Mägen von Bakterien zersetzt. Durch die Verdauung entstehen Kuhfladen und Methangas.

In den Mägen einer Kuh geht es so gesehen zu wie in einer Biogasanlage. Nur dass dort zusätzlich Garten- und Küchenabfälle verarbeitet werden.

Kreisläufe des Bioabfalls

Alphabetisches Zutatenregister

Äpfel 42, 52
Austernsoße 40
Bambussprossen 40
Banane 52
Basilikum 16, 18, 38
Birne 52
Blumenkohl 30
Brokkoli 40
Burgerbrötchen 48
Champignons 12, 26, 30, 40
Eier 12, 26, 48, 50
Erbsen 14, 50
Erdbeeren 32, 52
Erdnüsse 40
Fetakäse 28
Frischkäse 28
Frühlingszwiebeln 14, 28, 48
Gelierzucker 32
Gemüsebrühe 36, 40, 46, 50
Gemüsezwiebel 38
Gouda 18, 26
Haferflocken 20, 48
Joghurt 30
Kapern 28
Karotten 12, 14, 28, 36, 38, 40, 48
Kartoffeln 14, 24, 30, 46, 50
Kichererbsenmehl 30
Knoblauch 24, 30, 36, 38, 40, 46
Kokosmilch 36
Kokosraspeln 20
Kresse 24, 28
Kürbis 36
Lauch 26, 46
Mais 12, 18
Milch 26, 50
Nudeln 16, 38, 40
Oliven 28
Paprikaschote 18, 24, 26, 38, 40
Parmesan 16
Petersilie 14, 24, 28

Pitataschen 28
Quark 18, 24
Reisbandnudeln 40
Röstzwiebeln 48
Sahne 46, 52
Salat 12, 28, 48
Salatgurke 12, 30, 48
Schnittlauch 24
Sojasoße 40
Sojasprossen 40
Thymian 50
Tomate 18, 24, 26, 28, 38, 48
Tomatenmark 18, 24, 38
Vanilleschote 52
Weizenmehl 18, 20, 26, 42
Zartbitterschokolade 52
Zitrone 16, 24, 30
Zucchini 26, 30, 38, 40, 48
Zucker, weiß 20
Zucker, braun 42
Zwiebel 18, 24, 26, 30, 36, 40, 46

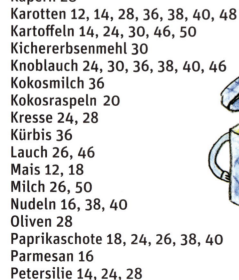
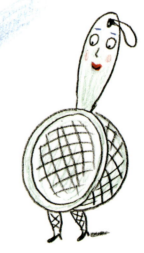

Danksagungen

Seit 2010 betreibt die Berliner Tafel e.V. den Doppeldeckerbus KIMBAmobil, in dem an Schulen vor Ort Kochkurse für Kinder stattfinden. Im Jahr 2013 eröffnete dann auch der KIMBAexpress, das Schulungszentrum für gesunde Ernährung im Eisenbahnwaggon auf dem Berliner Großmarkt. Alle Kinder- und Jugendprojekte der Berliner aTafel sind nur durch großzügige Unterstützer möglich.

Unser großer Dank gilt der BSR, die die Entstehung des vorliegenden Kinderkochbuchs überhaupt erst möglich machte. Die MitarbeiterInnen der Abteilung Kommunikation und Marketing haben uns über lange Zeit beraten. Von ihnen stammen auch die Materialien zum Thema nachhaltige Energiegewinnung durch die Verwertung von Bioabfall – eines der Hauptanliegen der BSR.

Wir möchten auch dem Bundesverband der Tafeln danken, der das neuartige Projekt aus Spendengeldern mitfinanzierte. Weiterhin möchten wir uns bei unserem Partner im KIMBAexpress, der Beuth Hochschule für Technik Berlin, Abteilung Fachbereich V, Studiengang Lebensmitteltechnologie, bedanken, insbesondere bei Frau Prof. Dr. Steinhäuser und Susanne Gröschl. Absolventen der Lebensmitteltechnologie entwickelten zunächst im Rahmen einer Abschlussarbeit kindgerechte Experimente zu Inhaltsstoffen, die im KIMBAexpress ergänzend zu den Kochkursen durchgeführt werden. Darüber hinaus betreuen Mitarbeiter aus dem Azubi-Labor für Chemielaboranten sowie Mitarbeiter aus dem Labor für Analytik der Lebensmittel und Bedarfsgegenstände seit 2013 den Betrieb und leiten dabei die Versuche an. Und last but not least hat uns das Lektoratsteam Jacoby & Stuart in stundenlangem, feinfühligem und kulinarisch versiertem Lektorat durch die Wirren der Buchproduktion geleitet – herzlichen Dank dafür!